Elections Municipales du 6 Mai 1900

LE BILAN

DE LA

MUNICIPALITÉ SORTANTE

Appel aux Sétifiens

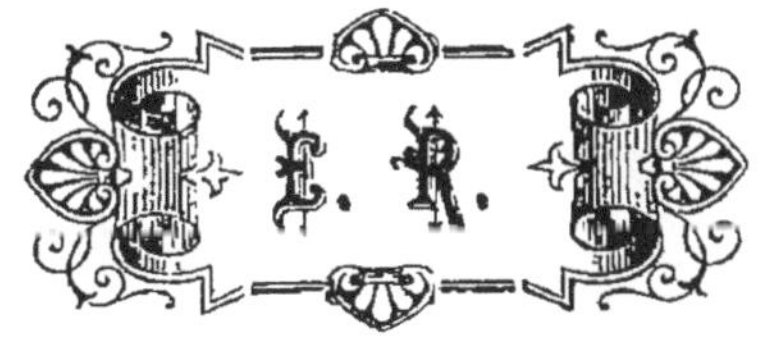

SÉTIF

Imprimerie et Librairie E. ROCCA, *rue Trajan.*

—

1900

Élections Municipales du 6 Mai 1900

LE BILAN

DE LA

MUNICIPALITÉ SORTANTE

Appel aux Sétifiens

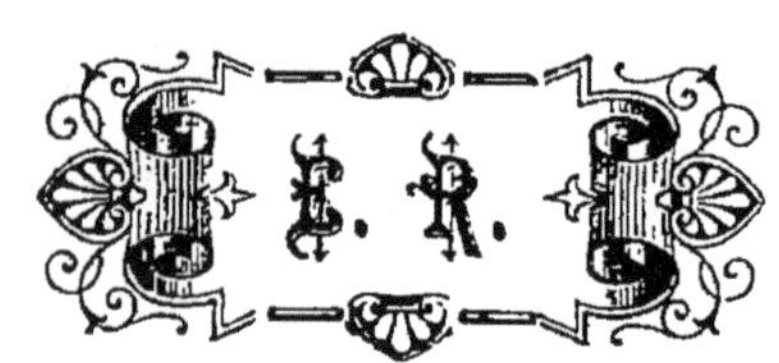

SÉTIF

Imprimerie et Librairie E. Rocca, *rue Trajan.*

1900

PRÉFACE

Électeurs !

Nous périssons par les mœurs. La corruption est partout. La Commune ressemble à une maison mise au pillage.

Depuis longues années, les faméliques, les déclassés, les vaniteux, se ruent à l'assaut ; le dévouement et le désintéressement ont fait partout place à l'égoïsme et aux appétits, Il n'y a plus d'ambition, car l'ambition véritable ne vas pas sans grandeur ; l'esprit de curée en a pris la place.

La notion du Bien et du Mal a disparu ; nul n'éprouve de scrupules ; l'envie seule entrave parfois la marche des assaillants.

L'audace de ces gens n'a rien de commun avec la brutalité virile des aventuriers d'un autre âge ; elle se couvre des voiles de l'hypocrisie.

Le triomphe des plus hardis pervertit les hésitants, qui s'élancent à leur tour, afin d'avoir, suivant le mot de Barbier : « leur part de royauté. » *Les lâches laissent faire et finissent par se trouver honnêtes en n'étant complices que par complaisance. Le succès fait à tous oublier la honte.*

Dès qu'on en est venu là, une nouvelle morale est édictée. Les fourbes passent pour des habiles, les parjures pour des hommes forts.

Ce qui est nécessaire pour l'avenir, c'est un système honnête *d'administration. Après tant de déceptions et d'épreuves, nous avons besoin d'une Municipalité à l'abri des défaillances et assez forte pour diriger les affaires communales.*

Que la machine ait de bons rouages, cette question-là l'emporte sur celle du mécanicien. Et d'ailleurs, si nos mœurs publiques étaient épurées, les mauvais politiciens se trouveraient écartés par là même de la gestion des affaires publiques.

C'est dans ce sens que doit porter l'effort des indépendants pour amener les électeurs à se ressaisir.

Sétif, le 30 Avril 1900.

JYHER.

PRÉCISONS

Dans une série d'articles successifs, parus dans le Progrès de Sétif, *nous avons établi le BILAN de la Municipalité sortante, et avons démontré,* par des faits, *ce qu'a été et ce qu'aurait dû être la gestion des intérêts communaux.*

Nous en reproduisons quelques-uns dans l'intérêt des électeurs.

PROVOCATIONS

SETIFIENS,

Ceux qui devraient faire oublier leur passé de dilapidation ou de gaspillage des deniers communaux et d'administration néfaste ;

Ceux qui se prétendent le parti de l'ordre, et qui devraient prêcher l'union, pour le relèvement et la grandeur de notre cité ;

Ceux qui s'érigent, en toutes circonstances, en protecteurs des intérêts généraux et qui... ...*errare humanum est*....se trompent....

Ceux qui ne veulent point comprendre, qu'à un régime communal nouveau, il faut des hommes nouveaux ;

Ceux, enfin, qui, dans une polémique ou dans la défense qu'ils auront à présenter, remplacent les arguments par des menaces ou des essais d'intimidation, sont les premiers, pour donner le change à l'opinion publique, à provoquer leurs adversaires en déversant sur eux la calomnie et la diffamation.

Nous protestons contre de pareils agissements, et nous estimons que de telles mœurs politiques seront désavouées par tous les électeurs.

Nos amis se présenteront avec un programme

d'apaisement, de concorde et d'union, basé sur une politique d'affaires.

Il ne nous plaît pas — et certes la tâche nous serait facile — de suivre nos adversaires sur un autre terrain que celui de la discussion courtoise et profitable aux intérêts généraux, et nous ne nous départirons pas de cette attitude, assurés que votre bon sens et votre jugement sain feront bonne et prompte justice de ces coups de pied de l'âne.

JYHER.

AU DRAPEAU

APPEL AUX SÉTIFIENS

A la suite des provocations de la municipalité sortante, la campagne électorale est virtuellement ouverte.

L'indignité morale de la plupart des politiciens que nous subissons a fait son temps.

La terreur et la corruption, pour si étendues et si profondes qu'elles soient, doivent être démasquées et combattues.

Certaine presse répand de haut sur le peuple un enseignement bien solennel et bien ambitieux. On y fait des leçons savantes sur les plus abstruses théories scientifiques, morales et politiques, et nous doutons que l'ouvrier qui lit puisse les comprendre ; nous craignons même qu'il n'en retienne simplement que des mots creux et une dangereuse disposition à l'orgueil intellectuel, qui est, dans le fond, le plus antiphilosophique des sentiments.

Nous devons prendre la résolution de ne jamais donner notre voix qu'à des hommes dont l'honorabilité soit, à notre connaissance, irréprochable, et dont la personne même nous inspire de l'estime.

Gardez-vous d'accueillir avec une maligne avidité tous les mauvais bruits, ni de donner dans cette aveugle manie du soupçon qui est un des péchés de la démocratie et qui, d'ailleurs, n'a pas, généralement, pour effet de lui assurer des représentants plus probes : il s'agit de n'être ni dupes ni complaisants et de vous montrer aussi attentifs sur la qualité morale des gens à qui vous remettez les intérêts de la cité que sur la probité des personnes à qui vous confiez vos intérêts privés.

Nous combattrons journellement pour l'instruction du peuple et pour le rapprochement des classes sociales.

Nous créerons des réunions où tous nos concitoyens de vie, de condition, de profession différentes et qui, dans le train habituel des choses, n'ont guère l'occasion de se rencontrer, pourront se voir, se connaître, se communiquer ce qu'ils savent le mieux, s'entretenir familliêrement et des intérêts de la cité et des grands intérêts publics.

Nous espérons que notre appel sera entendu et que tous les hommes de bonne volonté nous apporteront leur dévoué concours pour faciliter notre tâche.

LA RÉDACTION.

LIQUIDATION

Elément essentiel du progrès social, la liberté politique est acquise.

L'idée de la justice sociale avait été perdue de vue au milieu de la lutte des partis, abominable en ses moyens, stérile en ses résultats.

Mais les luttes des partis n'ont pas pris fin. Seulement capables de retarder le progrès social, elles sont impuissantes à en arrêter complètement la marche ; et c'est en songeant à ce progrès social qui est tout, que l'on demande des comptes à ceux qui doivent en rendre.

Ne nous arrêtons pas aux apparences des choses. Il est de coutume chez nous que l'on donne une importance énorme à celles qui, souvent, n'en ont guère et que celles qui en ont se présentent à nous modestement.

C'est à nous à savoir distinguer, dans l'ombre qui les entoure à leur origine, les idées vraiment utiles et qui entrent en scène sans fracas.

Vous blâmez, vous méprisez et vous exécrez ces repus, ces gavés de la Fortune, ces crucifiés de la politique, qui n'ont pour but que leurs intérêts privés et l'abaissement de l'honneur national, et vous n'avez point le courage de renverser ces idoles aux pieds d'argile.

Lorsqu'il s'agira de voter, soyez assurés de concourir à une œuvre patriotique et morale ; soyez certains que vous serez approuvés.

Et le jour où vous aurez ce courage, la victoire viendra couronner vos efforts.

Qu'on fasse donc courageusement le nécessaire, et le nécessaire c'est le devoir qui incombe à chaque citoyen de faire comprendre à cette édilité néfaste, par la propagande d'abord et ensuite par le bulletin de vote, que telle qu'une maison ayant failli à ses engagements, on la déclare en liquidation,

J. R.

SECTAIRE

De grands maux ont dû causer aux Egyptiens leurs fameuses douze plaies ; mais ils eurent, cependant, la bonne fortune de ne point connaître la treizième : c'est-à-dire le *Caciquisme*. Celle-là nous était réservée, et nous en subissons les effets depuis de longues années.

Oui, la treizième plaie est la pierre tombale qui opprime les cités les plus florissantes ; c'est elle qui les tient enserrées dans un cercle de fer qu'elles ne peuvent rompre, qui les étouffe par moments et dont souvent elles meurent.

Le cacique domine, il est roi ; et un troupeau servile, plus ou moins nombreux de flatteurs et de courtisans, forme sa cour. Et quelle cour ! Avec quel respect et quelle admiration on l'écoute ; avec quelle prudence on lui répond ! On l'accompagne dans ses promenades, on fait cercle dans ses réunions.

Et dans ces réunions on ne parle jamais ni d'agriculture, ni d'industrie, ni de commerce, ni d'art !

Pourquoi faire ? Déblatérer sur le prochain et dire des lieux communs, sont des aliments suffisants à ces intellectuels.

Il est facile de comprendre, par ce simple exposé, combien le Cacique doit s'intéresser au progrès moral et matériel de la cité qui est sous sa domination. Que deviendrait-il, que deviendrait sa force et son prestige s'il sortait ses concitoyens de l'ignorance et de la pauvreté dans laquelle ils vivent ? Le bon Cacique, celui qui connaît ses obligations, pour rester au pouvoir, accepte les formes et les bénéfices du XXe siècle, mais il vit comme au XVIIe : il est éminemment rétrograde par tempérament et par utilité personnelle. Et cette situation est une des causes pour lesquelles l'émancipation rurale est restée stationnaire.

Le Cacique a pour seule préoccupation de soutenir et augmenter son prestige par des moyens licites, si c'est possible, mais recourant *à tous les autres moyens* s'il rencontre de l'opposition. Rien ne le détourne ni ne l'arrête pour arriver à la victoire. Il se résout à la démarche humiliante et à la protection immorale ; menace des foudres de la loi, emploie tous les expédients, exécute les débiteurs gênés, dépossède de malheureux colons de leurs terres et fait révoquer d'honorables fonctionnaires.

Que lui importe que l'air retentisse des cris de malédictions et d'imprécations amères ? Il ne croit pas aux sorcières de Macbeth !

Ce qui lui importe, c'est les 4 ou 500 lances qui suivent sa bannière, forment une barrière infranchissable autour des urnes sacrées.

Toujours prêt au combat, il contemple le champ de bataille, apprécie la situation avec un œil pratique et, tel un habile général, quitte des forces d'un côté pour renforcer la ligne de combat et met des réserves en arrière. Ses agents, pareils à de vigilantes sentinelles, croisent dans toutes les directions, apportant et recevant des ordres. Dans un coin on proteste contre de dures vérités ; dans un autre coin on échange des promesses, en attendant d'échanger des coups.

Nous doutons encore, que de nos jours, la force brutale puisse s'approprier de tout ce que la débilité ne peut défendre.

En faisant le jeu du caciquisme, c'est propager l'ignorance, la servilité et la misère.

Quelle honte et quelle humiliation !

J'ai dit plus haut que le Cacique ne reculait devant aucun moyen pouvant lui assurer la victoire : la calomnie et la diffamation, la délation et l'injure, *le couvert de l'anonymat* sont ses armes préférées.

Aujourd'hui, il s'en prend à M. X...., qu'il croit être la base de la liste d'opposition.

Une fois cette base creusée, minée, on espère bien que tout l'ensemble s'effondrera, en ensevilissant sous ses ruines ce qui reste, à Sétif, de bons patriotes et de citoyens indépendants.

Plus de compte à rendre, plus d'adversaires, plus rien.

Tel est l'idéal du cacique qui préside aux destinées de notre cité.

Et il n'est pas démontré que si l'indifférence continue, leur but criminel ne soit complètement atteint, car leur devise est : Diviser pour régner.

Le pâle et vague troupeau qui, ayant perdu toutes traditions et toute notion du moi, suit servilement son Cacique, s'associe, sans le vouloir peut-être, aux actes qui ne peuvent manquer de germer dans le cerveau de celui qui, dans un esprit de mesquine vengeance privée, et avec son obstination haineuse, allume les colères et attise les haines.

Le Cacique c'est celui qui a été et sera toujours un sectaire politique.

Dans un prochain article, nous vous dépeindrons le sectaire dans ses manifestations politiques et ses actes.

JYHER.

SALTIMBANQUES !

Notre confrère le *Réveil*, dans un de ses derniers numéros, a publié, avec la grâce, la finesse et l'esprit....qu'on lui connait, sous le titre *Esprit nouveau*, un article sensationnel et destiné à faire croire à ses rares lecteurs que la *comédie était finie*.

C'est parler de corde dans la maison d'un pendu, que de parler de comédie dans les colonnes..... j'allais dire sur les trétaux.,..., du *Réveil*.

Car, enfin, *Réveil* de mon cœur, tout le monde sait que dans la comédie.... vous excellez à remplir le rôle de metteur en scène (attention typos ne mettez pas metteur en page), et que si l'emploi de premier Grand Rôle est tenu dans votre troupe par le célèbre Calaminard, celui de Pître ne peut vous être contesté ; vous étiez fait l'un pour l'autre : car il faut savoir reconnaître le talent, même chez les adversaires, et si Calaminard est inimitable pour la postige, vous êtes, vous, sans pareil dans l'art de recevoir taloches et camouflets.

Tudieu....quel talent !

Et puis, ce n'est là qu'une des faces de cet immense talent, et c'est jeu d'enfant pour vous que d'entrer dans la coulisse et, en un clin d'œil, retournant votre veste, nous apparaître avec une figure nouvelle !

Sapristi.... quel dentiste !

Et ce n'est pas tout : avec quelle perspicacité et quelle désinvolture de plume, vous nous présentez vos personnages ! Votre modestie naturelle doit bien en souffrir, cher monsieur Berrekaïnou, car, *les grâces naturelles* de votre tête de Turc, laissent bien loin derrière elles, celles que la nature vous a si généreusement octroyées ! Votre métier a de bien dures exigences : voir la paille dans l'œil du voisin lorsque l'on a le sien à la coque !

Vous ne vous êtes probablement jamais regardé dans une glace, et c'est ce qui excuse votre effacement.

Quel désintéressement..... une violette, quoi !

Ce n'est pas fini ; et, dut votre modestie naturelle

en souffrir, je m'en voudrais de passer sous silence une des faces sous lesquelles, votre talent si varié, a le don de faire prendre, à vos problématiques lecteurs, des vessies pour des lanternes : vous dites *l'antisémitisme a vécu*, c'est un peu parler de couleurs en aveugle, ce que vous faites là, cher monsieur Berrekaïnou, et personne parmi votre demi-douzaine de lecteurs ne se fait d'illusion là-dessus.

Tout le monde prêchant l'oubli et la concorde, vous auriez eu mauvaise grâce de perdre une belle occasion de vous taire !

Enfin, avant de terminer, et *comme gage de cette alliance*, laissez ouvrir à autrui, tous les guichets, tout ce qu'ils voudront, mais vous..... de grâce.... n'ouvrez rien, vous feriez monter le prix des légumes, en vous relachant de ce sage avis.

Comédiante... non e finita...,

J. R.

BILAN

Comme suite à notre promesse faite dans « Liquidation », nous allons établir, sous le titre qui précède, et dans une série d'articles successifs, le bilan de la municipalité sortante :

Et cela n'empêchera pas, à part les sentiments de degoût qui montent parfois du cœur aux lèvres, que nous dénoncions les agissements de ce sectaire de la politique, au tribunal de l'opinion publique, suprême juge en matière de moralité et de probité.

Tous ses actes ont été des palinodies, toutes ses promesses des mensonges, tous ses serments des parjures.

Il a pu ainsi donner à ses partisans des espérances, et c'est pourquoi on lui a fait crédit.

Il ne peut admettre la possibilité d'un échec ; il ne songe qu'à venger ses ennuis sans avouer ses torts, et surtout sans rendre compte de la gestion qui lui fut confiée.

Nous lui avons offert vainement les moyens de se disculper. Et ces moyens honorables, pourquoi les repousse-t-il ?

Il restera ce qu'il n'a jamais cessé d'être : un sectaire de la politique, décidé à se servir des procédés les plus honteux pour le sortir d'embarras.

De mémoire de Sétifien, jamais l'hygiène publique n'avait tant laissé à désirer que depuis que nous possédons, à la tête de la municipe, un praticien.

Depuis longtemps, et nous pourrions dire qu'elle n'est pas encore éteinte, la variole, la hideuse variole qui, quand elle ne tue pas, défigure à jamais, sévit dans nos murs à l'état épidémique.

L'administration militaire a pris des mesures de rigueur. Elle a consigné aux troupes des quartiers entiers. Elle est même allé plus loin en établissant un cordon sanitaire. C'est qu'elle est soucieuse de la santé de nos soldats et qu'elle savait les responsabilité qui pesait sur elle !

Que faisiez-vous monsieur le morticole, pendant ce temps-là ?

Vous vous désintéressiez complètement de vos concitoyens ! Vous laissiez, par une coupable indifférence, se pratiquer parmi la population indigène la variolisation directe.

Et vous ne pouvez exciper de votre ignorance, vous qui êtes, et nous le reconnaissons volontiers, un praticien éclairé.

Depuis Jenner, l'inoculation directe introduite par Marie Wortey, a été abandonnée, parce qu'elle est une cause de propagation du terrible fléau !

Pourquoi n'avez-vous point obligé les Indigènes, voire même les Européens, à se faire vacciner par le médecin communal ?

Il y a là, M. le Maire, plus qu'un manquement aux devoirs qui vous incombaient, plus qu'une faute aux mesures préventives, il y a là presque un crime....

Vos électeurs, pères de famille, vous le rappeleront le 6 mai.

Cave ne cadas. JYHER.

Réponse au maire Aubry

En réponse à ses vagues disculpations nous mettons au défi le maire Aubry de prouver qu'il a fait quoi que ce soit pour empêcher la variolisation à Sétif, en 1899 et 1900.

Quant à son mandat au Conseil général, ses électeur d'Aïn-Abessa lui diront, en temps opportun, ce qu'ils en pensent.

DIXIT.

LA COMPAGNIE GÉNEVOISE

S'il est une question qui passionne vivement l'opinion publique, c'est certainement et sans contredit celle de l'expropriation ou de l'aliénation des terres de cette Compagnie étrangère.

Je ne puis à mon grand regret, et faute de place, vous faire l'historique de cette palpitante question d'intérêt local, mais je puis du moins porter à votre connaissance qu'il vient de paraître chez M. Rocca, imprimeur à Sétif, une brochure de 200 pages environ, qui expose et condense, avec documents à l'appui, tous les griefs reprochés à cette Compagnie, ainsi que toutes les démarches et tentatives faites pour arriver à la solution pratique de ce problème si nécessaire à l'essor de la colonisation dans la région sétifienne.

Cette brochure très documentée, écrite en style simple et clair, est destinée à faire sortir de sa torpeur et de sa léthargie volontaire notre *Haute Administration*.

Elle a pour auteurs deux modestes représentants du peuple : M. Poulhariès, délégué financier de notre ville, et M. Dubar, conseiller général des colons de la région sétifienne.

Voilà comment s'occupent sans bruit et sans ostentation les véritables représentants de la colonisation.

Toutes les municipalités qui se sont succédé à à Sétif jusqu'en 1892, ont eu à cœur de démolir cette nouvelle Bastille qui a nom « Compagnie Génevoise ». Tous les conseils municipaux ont émis des vœux. Tous les maires, en passant par MM. Baylac et Lagarde, n'ont point cessé leurs démarches pour faire aboutir cette question.

Or, ne vous semble-t-il pas d'actualité, Electeurs sétifiens, de demander à la municipalité sortante ce qu'elle a fait dans cette question d'utilité publique?

Quelle a été l'attitude du maire, depuis 8 ans, vis-à-vis de cette Compagnie étrangère ?

Quels vœux a-t-il présenté à son conseil, pour appuyer ceux de ses prédécesseurs ?

Quels mémoires a-t-il présenté soit au Gouvernement, soit au Conseil général de Constantine, dont il fait partie ?

Quelles démarches a-t-il faites pour présenter la défense de nos intérêts immédiats ou futurs ?

Lors du passage du Préfet à Sétif, lui a-t-il exposé que la Compagnie n'a pas tenu ses engagements, et qu'elle était un obstacle à la prospérité de notre ville et de plusieurs villages environnants ?

Monsieur le maire a-t-il fait quoi que ce soit pour nous délivrer de cette pieuvre ?

N'avez-vous point entendu les clameurs et les plaintes de ces misérables indigènes et des malheureux colons ?

Etes-vous ignorant des procédés de cette accapareuse pour enrichir ses actionnaires, tous étrangers ?

Ne savez-vous point, qu'elle draîne chaque année *quatre cent mille francs* de bon argent français, qu'elle envoie en Suisse ou ailleurs ?

Ne connaissez-vous point l'exode des colons d'El-Ouricia et autres villages ?

Ne savez-vous point quelle est la redevance exigée des tributaires de ces terres ?

Le 63 pour cent net !

Et son accaparement des terres. Le laisserez-vous consommer sans protestation ?

C'est ce que vos électeurs vous demandent ?

J. R.

LE COLLÈGE

De toutes les dépenses inscrites au budget communal, celle du collège est une de celles qui pèsent le plus lourdement sur les finances communales.

Chaque année 30,000 francs en chiffres ronds, sont déboursés pour l'entretien et la bonne marche de cet établissement universitaire.

En échange de tels sacrifices imposés aux contribuables, on est en droit d'exiger d'autres résultats d'un établissement qui revient aussi cher.

Hélas! les défauts d'organisation enrayent tout progrès, et malgré le dévouement et l'activité habituels du corps enseignant, la clientèle chiffre dérisoire, ne s'élève jamais à plus de 100 élèves.

Quels sont ces défauts? et qui doit en assumer la responsabilité devant les contribuables?

N'est-ce pas la municipalité actuelle!

Et d'abord, l'établissement en lui-même, au point de vue matériel, n'a rien du confortable indispensable au personnel interne et aux élèves pensionnaires.

Les bâtiments sont absolument insuffisants. Depuis longtemps on aurait dû édifier toutes les salles nécessaires aux différentes classes, aux appartements d'une partie du personnel, ainsi qu'aux dortoirs et réfectoires des élèves.

Mais c'est surtout l'enseignement donné qui présente de nombreuses lacunes :

L'enseignement moderne conduit bien les élèves jusqu'à la première partie du baccalauréat, mais ne les prépare pas à la seconde.

L'enseignement classique est plus incomplet encore, puisqu'on arrive qu'à la quatrième classique.

Ce serait remédiable, si dans les différentes classes toutes les matières prévues par les programmes étaient développées par les professeurs.

Il n'en est rien, malheureusement, et on voit cette chose stupéfiante d'un collège français qui n'a pas de *professeur titulaire de français*!

Le cours de français, le plus important sans doute, est fait par des répétiteurs.

Ces jeunes gens ont évidemment les aptitudes nécessaires, mais il ne peuvent se consacrer entièrement à leurs classes. Ils poursuivent pour la plupart, des études en dehors du collège. Et puis ils sont fréquemment appelés à changer de résidence.

En consacrant 2.000 à 2.500 francs à cette chaire, notre collège pourrait avoir un professeur dûment diplômé et spécialement chargé des cours de français.

Cette insuffisance de personnel et de matériel entraîne et provoque même la désertion de notre établissement universitaire. En effet, les parents soucieux de l'instruction de leurs enfants et disposant de quelques ressources — à l'exemple de notre richissime maire — préfèrent les envoyer dans les lycées où, du moins, ils sont assurés du plus complet bien-être et surtout où ils feront des études complètes.

Si la municipalité avait su régler intelligemment la dépense de ces 30.000 francs, ils eussent suffi largement.

Il eut fallu d'abord édifier un établissement digne d'une ville qui se paie le luxe de fontaines monumentales de 40 à 50.000 francs !

Il eut fallu créer des chaires nouvelles, de façon à faire faire des études complètes et dans l'enseignement classique et dans l'enseignement moderne.

Cela fait, le nombre des élèves aurait certainement augmenté, et les rétributions collégiales nouvelles auraient largement suffi à payer l'augmentation des dépenses.

L'exemple des collèges de Bône, Philippeville, Tlemcen, etc., en sont la preuve. Dans ces différents collèges on prépare tous les baccalauréats, et le budget de ces communes est moins atteint que le nôtre.

Je viens de démontrer que notre établissement universitaire donnait des enseignements incomplets ! Il appartient aux pères de familles et aux contribuables de reconnaître à qui en incombe la faute.

Si notre collège est capable de donner des résultats sérieux, il ne faut point lui ménager l'appui financier de la commune.

La question du collège méritait toute l'attention d'une municipalité soucieuse de l'avenir de nos enfants.

Or, qu'a fait cette municipalité depuis huit ans ? Elle a dépensé *deux cent quarante mille francs* sans pouvoir former *un seul bachelier complet* !!!

Pères de famille, qui n'êtes pas dans l'opulence comme notre maire, vous vous souviendrez le 6 mai de cette façon d'agir.

JYHER.

LE THÉATRE

La stupéfaction qu'éprouve le touriste lorsqu'il découvre ce monument, se change en ahurissement quand, le visitant, il détaille ce chef-d'œuvre de conception grotesque et de malfaçons.

Rien n'a été oublié dans l'absurde : Terrain et emplacement non appropriés ; style où se heurtent toutes les époques non définies ; ensemble lourd, étriqué sans élégance et sans cachet, C'est à croire vraiment qu'il y a eu gageure pour arriver à réunir dans un seul édifice tant d'imperfections esthétiques !

Jusques-là, cependant, le mal ne serait pas irrémédiable, si l'agencement intérieur, la disposition des places, l'acoustique, et bien d'autres détails, n'avaient par coquetterie sans doute, suivis les errements de la construction, enfin que tout soit à l'unisson dans l'incohérence et l'incurie qui a présidé à l'édification de notre boîte à musique.

Il est de toute équité de reconnaître que la commission des travaux n'a été appelée à donner son avis qu'après les travaux terminés ! Et c'est alors qu'on s'est aperçu que tout n'était pas pour le mieux dans les meilleurs des théâtres !

On a allongé l'immeuble ; on a refait la terrasse qui s'était transformée en écumoire ; on a reconstruit les escaliers latéraux qui s'étaient séparés de l'œuvre-mère à la première pluie, etc., etc. Voilà pour l'extérieur.

Pour l'intérieur, ça bien été une autre affaire : Les spectateurs du Paradis risquaient de faire le plongeon dans la salle, et dare-dare, il a fallu mettre une main-courante en fer. Ceux des loges n'étaient pas moins favorisés, et pour leur permettre de voir ou d'entendre, il a été indispensable d'exhausser le plancher de 15 centimètres, une bagatelle ! Et pour les stalles de balcon — aussi bien partagées que les autres — on a été obligé d'élever les parapets — sans compter d'autres réfections de moindre importance.

Et la note douloureuse, chers électeurs contribuables, c'est que ce monument dispendieux ne peut servir qu'aux troupes de passage, le budget de la commune ne permettant pas d'allouer une subvention à une troupe théâtrale.

L'opportunité de cette conception si grandiose, n'est point démontrée non plus, car il faut songer qu'on a immobilisé un capital important, et que l'entretien seul de cet édifice va coûter à la commune une somme relativement élevée et cela sans profit !

Cette construction a englouti plus de *cent soixante-dix mille francs*..... et ce n'est pas fini !

Nous estimons, et tous les gens sensés penseront comme nous, que cette somme eût été bien mieux employée en des travaux de première urgence, tels que : la construction des égouts au quartier de la gare ; la construction de conduites d'eau à la porte de Biskra et au Mesloug ; et une infinité d'autres travaux tout aussi nécessaires.

La municipalité sortante en a jugé autrement.

Elle fait comparer notre ville à une de ces coquettes qui se montrerait dans une toilette prétentieuse et dont les dessous seraient.... maculés ou absents.

Avec de pareils administrateurs, contribuables.... gare à vos poches !

JYHER.

LES EGOUTS

Lorsqu'un voyageur débarque dans une ville, la première question qu'il vous pose est celle-ci : « L'état sanitaire est-il satisfaisant ? »

Et si la réponse obtenue est affirmative, ce nouveau débarqué est tout disposé en faveur de la cité. Dans le cas contraire, tout disparaît devant l'intérêt de sa santé ; rien ne saurait le retenir : monuments, curiosités, attractions, climat, commerce, industrie, etc., n'ont plus d'attraits et ne peuvent le fixer.

C'est, malheureusement, ce qui se passe journellement, à Sétif depuis quelques années, au grand préjudice des intérêts particuliers et généraux.

Il est des rues que l'on n'ose affronter, et où suivant une expression vulgaire, les mouches tombent à quinze pas.

Allez donc, après une journée de labeurs, vous promener du côté de ce coquet faubourg de la Gare, et vous m'en direz des nouvelles !

L'air est irrespirable, tellement il est chargé d'émanations pestilentielles, la puanteur est partout, à gauche et à droite, en haut et en bas.

A cela rien d'étonnant, si vous en demandez la raison aux habitants : Nous n'avons pas d'égouts, vous répondent-ils. Et comme vous parraissez surpris, ces braves gens vous ajoutent non sans une pointe d'ironie : Que voulez-vous, monsieur, il faut savoir modérer ses besoins, on nous a promis une fontaine monumentale pour faire pendant à celle de la ville.

Et vous pensez, non sans raison, qu'en fait de besoins.. . les égouts passent avant les fontaines.

Ah ! qu'on est fier d'être Français quand on regarde la colonne.

Et que l'on est fier d'être Sétifien, quand on regarde l'œuvre de la municipalité sortante.

Depuis huit ans les quelques égouts existants n'ont point été nettoyés !

Depuis huit ans, ces rares égouts n'ont pas reçu une goutte d'eau, et aucune chasse n'a été pratiquée.

Depuis huit ans le quartier de la gare, si riant, si bien habité, attend sa canalisation.

Depuis huit ans, certaines rues, pour ne pas dire certains quartiers, ne sont transitables à cause des odeurs nauséabondes qui se dégagent des égouts mal entretenus.

Depuis huit ans, notre ville qui était réputée pour

son état sanitaire exceptionnel, est devenu un foyer de maladies épidémiques : Variole noire, typhus, fièvre thyphoïde, etc., etc.

Depuis huit ans, notre édilité n'a rien fait pour enrayer ou prévenir ces maux.

Depuis huit ans, toutes les énergies, toutes les volontés, toutes les activités, ont abdiqué toute initiative, tout contrôle, toute critique entre les mains du Roi-morticole.

Depuis huit ans, pas une voix ne s'est élevée pour dire à ce tyranneau ce que tout le monde pense tout bas.

Chers concitoyens, relevez la tête ; nous sommes pour le faible contre le fort ;
Pour l'oppressé contre l'oppresseur ;
Pour l'affamé contre l'affameur ;
Pour les miséreux contre les mauvais riches ;
Pour l'expression sincère de l'opinion contre la pression et la contrainte matérielle.

Electeurs, vous nous direz le 6 mai, si vous pensez comme nous.

JYHER.

FONTAINE MONUMENTALE

Peuple réjouis-toi, voici le *Panem circenses* de tes édiles !

Voilà l'œuvre *monumentale* qui transmettra à la postérité le nom de notre proconsul, et le rendra impérissable.

Il ne manquait à sa gloire que les honneurs du Triomphe, et il les obtient par le marbre.

Passants, découvrez-vous...... vous êtes devant son chef-d'œuvre.

D'aucuns disent que notre édile a voulu perpétuer dans cette Vénus Astarté, d'un genre particulier, les charmes opulents de notre cité ; d'autres plus simples pensent que ce sont les traits de la Samaritaine à la fontaine du Bou-Thaleb ; enfin, quelques mauvais plaisants — il s'en glisse partout — affirment que c'est simplement une allégorie discrète aux finances de la ville: une des filles de Danaüs cherchant à remplir la caisse..... en guise de tonneau.

Ne vous plaignez pas, contribuables, et n'allez pas penser que ce monument n'avait pas un caractère de première urgence et d'utilité publique !

Ne prêtez pas une attention favorable à ceux qui pourraient vous dire que ce monument est construit de vos deniers.

N'allez pas croire surtout — les mauvais sont légion — que ce monument a été un gouffre pour les finances municipales !

Le Génie et la Gloire sont inestimables.

Et puis, vous savez tous que c'est un cadeau.

Tout au plus si votre édile a dépensé 30.000 fr. pour monter le cadeau sur son socle. Vous voyez, bonnes gens, c'est pour rien !

On vous insinuera, peut-être, que cet argent aurait été mieux employé en construction d'égouts, ou en adduction d'eau au Mesloug... ou autres balivernes ! Ne répondez pas !

Si les habitants du quartier de la gare n'ont pas d'égouts, qu'ils prennent patience, et qu'ils attendent que notre proconsul fasse racheter les terres de la Compagnie Génevoise.... Ils n'attendront pas longtemps, je suppose.

Quant aux habitants du Mesloug, nous ne leur avons jamais défendu, que je sache, de venir boire à Sétif ! Au besoin ils peuvent remplir leurs bidons à notre *chère* fontaine.

Que leur faut-il de plus !

Vous voyez, amis lecteurs, combien il est facile de rétorquer les arguments des adversaires de notre municipalité !

Il y a vraiment des gens intraitables, et qui viendront encore vous parler de gaspillage et de dilapidation !

C'est à vous dégoûter, vraiment.

JYHER.

PLACE DE L'ÉGLISE

La garde muette, qui veille aux approches de notre Eglise, ne peut pousser le fameux : « Sentinelles ! prenez garde à vous » ; mais nous demandons sa suppression quand même, car si elle ne nous empêche pas de dormir elle ne peut non plus nous être agréable à la vue ou à l'odorat.

Je sais bien qu'il y a encore, à Sétif, une demi douzaine de braves gens arriérés, qui croient à la Religion et se figurent qu'on ne peut se passer de Morale. Je sais encore, que ces honnêtes gens, quelque peu naïfs, se demandent pourquoi le respect dû aux monuments publics n'est point applicable à l'Eglise catholique.

Et leur ignorance est si grande qu'il ne leur vient point à l'idée de regarder ce qui se passe autour des autres Temples, et de comparer.

Et leur ignorance engendre l'indifférence, et l'indifférence la torpeur.

Voilà pourquoi il nous est impossible, le mot n'est pas trop fort, de transiter par la place de l'Eglise : c'est le réceptacle de toutes les immondices, c'est le dépotoir de toutes les ordures ; c'est également, au mépris des règlements régissant la voirie, le lieu de dépôt de tous les entrepreneurs de constructions de France et de Navarre. Et ce, depuis plusieurs années.

C'est cependant l'unique place publique qui, par son emplacement, ses dimensions et sa situation, devrait attirer l'attention et les soins de notre Edilité.

Parlerons-nous de l'édifice, en tant que bâtiment communal ? C'est ce que nous allons effleurer, dans l'intérêt de nos finances.

Combien de temps, M. le Maire croit-il que le clocher tienne debout, si on ne s'empresse de le consolider ?

M. le Maire ne va jamais à l'Eglise, sans doute, sans quoi il eût songé qu'un jour ou l'autre il pourrait être victime de sa négligence.

M. le Maire, qui n'a jamais construit, et ne construira probablement jamais, ne peut se rendre compte de l'état de délabrement et de vétusté dans lequel se trouve notre Eglise, et nous ne pouvons, à ce point de vue, rien lui reprocher.

Pauvreté n'est pas vice, n'est-ce pas M. le Maire, et nous comprenons facilement que vous ne puissiez devenir propriétaire du jour au lendemain. Il y même de méchantes langues — vous savez qu'il y en a encore quelques-unes à Sétif — qui insinuent que si vous n'avez jamais bâti c'était pour être prêt à déménager plus tôt après le 6 mai.

Moi, vous le savez, je ne prête aucune attention à ces malveillants, car, enfin, on n'est pas forcé d'être propriétaire dans le pays qu'on administre, n'est-ce pas ?

Et puis, il y a une raison majeure : ça vous attache à un pays les immeubles, et dame, quand il n'y a pas réciprocité, ça dégoute ! Pas vrai ?

Aussi, j espère bien, que vous n'allez pas vous émouvoir pour si peu, et que vous laisserez le soin, à la nouvelle municipalité, de faire enlever la m...archandise que vous aurez laissée.

Ce serait spirituel et de goût.... raffiné.

JYHER.

RENDEZ L'ECHARPE !

Ne pouvant réfuter nos arguments, encore moins contester nos documents, le Morticole SPH en est réduit presque aux injures.

Il faut dire qu'il y a là, aussi, une question d'éducation, et qu'il n'est pas rare de voir la polémique dégénérer avec des écrivains improvisés qui n'ont pas été élevés précisément en vue de la littérature.....au contraire.

Nous n'en voulons pour preuve que la réponse pitoyable faite à nos articles concernant la « *Compagnie Génevoise* » et le « *Collège* » où notre contradicteur affolé, fait couler à pleins bords les flots des gros mots et les insinuations calomnieuses.

Les mêmes calomnies, d'ailleurs, qu'on faisait lancer jadis, et qu'on édite aujourd'hui sans plus de vergogne, pour son propre compte, nous donnant ainsi, s'il en était besoin, la preuve de leur origine.

On n'est jamais trahi que par les siens.

Nous n'aurons pas le *mauvais goût* de mettre en cause, celui ou ceux à quelque entourage qu'ils appartiennent, qui coupent ou ont coupé les années en deux, ou ont fait suer le burnous, comme le dit si bien et comme le fait si peu ce bel esprit.

Nous craindrions d'être au dessous de la vérité.

Nous n'évoquerons pas les morts pour leur reprocher leur mauvaise conduite en ce bas-monde, ou bien demander s'ils n'ont pas quelque engagement en souffrance.

Nous craindrions d'être trop funèbre.

Nous ne parlerons pas non plus de services exceptionnels, d'escamotage de mine ou d'ingratitude humaine.

Nous craindrions de nous montrer naïfs.

Mais nous dirons simplement et nous prouverons par nos documents, et nos arguments, que la municipalité sortante n'a pas tenu ses engagements ou ses promesses.

Nous répèterons à satiété que son administration néfaste n'a plus notre confiance.

Nous lui démontrerons, et lui démontrons chaque jour, que la gestion des intérêts communaux n'a pas été ce qu'elle aurait dû être.

Nous empêcherons, par nos écrits et par notre parole, à nos adversaires de donner le change à l'opinion publique.

Nous clouerons au pilori, et ses actes et ses procédés.

Nous enlèverons petit à petit, l'épais bandeau que vous essayez vainement de maintenir sur les yeux des électeurs.

Nous parlerons si haut et si fort, que nos raisons seront entendues et comprises de tous.

Incapables ou inconscients, retirez-vous !

Place aux vaillants !

M. le Maire rendez l'écharpe.

JYHER.

NE FUYEZ PAS!

Lorsque dans un précédent article j'accusais (Cassius — SPH.) de fuir la discussion courtoise pour se vautrer, selon son habitude, dans les attaques personnelles, je ne pensais pas que les évènements viendraient me donner sitôt raison!

Il ne tourne même plus le dos aux débats.... il les fuit... de toute la vitesse de ses grandes guibolles.

Electeurs, pères de famille, lisez sa réponse parue dans le *Réveil* du 16 courant ; vous aussi colons et ouvriers, lisez cette diatribe, et vous serez fixés les uns et les autres sur l'intérêt que professe pour l'instruction et pour l'avenir de vos enfants, le Roi-morticole :

A une critique raisonnée de sa gestion, il répond par un refrain de café-concert !

A une question d'aussi grande actualité que celle de « la Compagnie Génevoise » il ne trouve à répondre que : C'EST MOINS INTERESSANT *que la migration des oiseaux et le frai des grenouilles.*

Electeurs sétifiens, voilà comment votre maire se f....iche de vous.

On ne peut avouer plus piteusement son impuissance, ou son parti pris.

Nous ne relèverons pas les allusions — plutôt bêtes que méchantes — faites à la famille Dussaix.

Nous allons simplement mettre en parallèle, l'ouvrage du maire et celui de l'honorable délégué financier, M. Poulhariès, qu'on essaie de tourner en ridicule après avoir cherché à traîner son nom dans la boue :

D. — Quels vœux le maire a-t-il présenté à son conseil pour appuyer ceux de ses prédécesseurs ?

R. — Aucuns.

D. — Quels mémoires a-t-il présenté soit au Gouvernement, soit au Conseil général de Constantine dont il fait partie ?

R. — AUCUNS !

D. — Quelles démarches a-t-il faites pour présenter la défense de nos intérêts immédiats ou futurs ?

R. — AUCUNES !

D. — Lors du passage du Préfet à Sétif, lui a-t-il exposé que la Compagnie Génevoise n'a pas tenu ses engagements et qu'elle était un obstacle à la prospérité de notre ville et de plusieurs villages environnants?

R. — NON !

D. — M. le maire a-t-il fait quoi que ce soit pour nous délivrer de cette pieuvre ?

R. — RIEN !

D. — Le Maire a-t-il entendu les clameurs et les plaintes de ces misérables indigènes et *des malheureux colons* ?

R. — NON !

D. — Le maire est-il ignorant des procédés de cette accapareuse pour enrichir ses actionnaires, tous étrangers ?

R. — NON !

D. — Le maire sait-il qu'elle draîne chaque année *quatre cent mille francs* de bon argent français, qu'elle envoie en Suisse ou ailleurs ?

R. — CE N'EST PAS INTERESSANT !

Et son accaparement des terres ?

CE N'EST PAS INTERESSANT !

Voilà le bilan du maire, il est vite établi : RIEN ! RIEN !

D'un autre côté nous allons exposer, ce qu'a fait M. Poulhariès qui n'est ni maire, ni Conseiller général de Sétif ; et cela sans bruit, sans fracas, sans ostentation, bien qu'on le lui reprochera, peut-être, chez nos adversaires : car il n'était pas tenu de le faire. Il n'a eu qu'un seul but, servir les intérêts de sa région et ceux de ses concitoyens.

Electeurs lisez et jugez :

Gouvernement Général
DE L'ALGÉRIE

—

DÉLÉGATIONS FINANCIÈRES
ALGÉRIENNES

RÉPUBLIQUE FRANÇAISE

Mascara, le 16 mars 1900.

MON CHER COLLÈGUE,

C'est avec le plus vif intérêt que j'ai pris connaissance de la brochure dont M. le Conseiller général Dubar, et vous, êtes les auteurs.

La situation faite à Sétif est effectivement intolérable.

Je ne m'étonne point qu'elle ait autant duré.

En Algérie, les choses paradoxales et anti-économiques ont le privilège d'avoir la vie longue.

Il faut que votre pauvre pays ait l'âme chevillée au corps pour résister à toutes les aberrations et à tous les abus qu'on y a semés !

N'hésitez pas à soumettre votre travail à la 2e Délégation financière.

Vos rares facultés de travail, votre compétence et votre aménité ont fait que, dans cette assemblée, vous êtes unanimement écouté et aimé.

La cause que vous soutenez est donc gagnée d'avance.

Veuillez agréer, etc.

Le Président de la 2e délégation financière,
Signé : E. VINCI.

Et elle n'est pas unique cette attestation donnée au labeur et à l'estime dont jouit M. Poulhariès dans une des plus importantes assemblées algériennes !

Nous ne pouvons toutes les reproduire, mais nous pouvons non plus passer sous silence la suivante :

DÉPARTEMENT DE CONSTANTINE

CONSEIL GÉNÉRAL

Ferme Meurs (près Gastu), le 29 mars 1900.

Mon cher ami,

Je vous remercie infiniment de l'envoi que vous avez bien voulu me faire, de votre brochure sur la Compagnie génevoise.

C'est un document intéressant, extrêmement intéressant, et qui restera dans ma bibliothèque algérienne.

Vous avez bien fait de poser la question car elle sera toute prête pour le jour où — devenu maîtres de notre budget, *nous pourrons faire de la besogne utile et colonisatrice.*

C'est vraisemblablement sur les fonds de la caisse de colonisation à créer, qu'on prendra le nécessaire *pour rendre la vie aux environs de Sétif* et *réaliser les expropriations indispensables.*

Cordiale, etc.

Signé : ROUYER,

Maintenant, électeurs, concluez :

D'un côté : un maire hostile aux projets de rachat et partant nuisible aux intérêts des colons, des commerçants, des industriels, des ouvriers, de l'avenir de la cité.

De l'autre côté : un de nos concitoyens, véritable philhantrope, qui n'a ménagé ni sa peine, ni son argent, ni son repos ; qui a été abreuvé d'outrages et d'insinuations calomnieuses ; et qui ne sollicite aujourd'hui que le droit de continuer à vous bien servir.

Sétifiens, quand l'heure de la défense de vos intérêts sonnera, vous vous rappellerez le nom de Poulhariès.

C'est celui d'un de vos plus ardents défenseurs.

C'est celui d'un honnête homme.

C'est aussi celui d'un indépendant.

Electeurs, souvenez-vous en le 6 mai !

JYHER.

LES COMMUNAUX

Louis XIV disait : L'Etat c'est moi. Notre Maire Morticole, parodiant cette apostrophe. érige la commune en royauté et distribue suivant son bon plaisir le fief communal entre ses bons et féaux sujets.

En voulez-vous quelques exemples ? En voici un entre mille :

Les colons qui ont des lots ruraux dans le périmètre du village d'El-Hachéchia, aujourd'hui presque abandonné, nous assurent qu'ils ne peuvent faire pacager leurs troupeaux sur leur communal.

Sa majesté le Roi Morticole en a disposé.

N'allez pas croire que je plaisante, car 24 hectares de ce communal ont été loués de gré à gré à un indigène — saluez manants, c'est la volonté du Roi. — Et le restant a été envahi par la suite du lo cataire ; et comme ils auraient eu tort de se gêner, ils ont construit et ont labouré, sans que l'autorité royale ait songé à les troubler dans leur jouissance du bien d'autrui.

Mais, me direz-vous, et les droits des colons ?

Ça, c'est comme le « Collège », la « Compagnie génevoise » ou les « égouts », *ce n'est pas intéressant.*

Faire respecter le bon plaisir du Roi, c'est l'unique occupation des gardes-champêtres et autres daïras, et pouvez-vous penser qu'ils aient le temps d'empêcher de tels empiétements et de faire respecter les droits des contribuables !

La volonté du Roi n'a point de limites; elle est comme les communaux. L'architecte a d'autres occupations que de s'employer à délimiter ou à borner, pour empêcher ou réprimer les usurpations !

Et croyez-vous que les sujets d'El-Hachéchia soient réellement en droit de se plaindre, lorsque ceux d'El-Hassi et d'Ain-Trick ne disent rien, alors qu'ils sont logés à la même enseigne !

C'est que ces derniers sont tout fiers d'avoir pour voisine la très haute et très noble dame Compagnie Génevoise. Ils sont taillables et corvéables à merci ces marauds, et ils le savent bien. Aussi ne protestent-ils pas, lorsque la très puissante dame les veut bien honorer en louant pour son seul profit, les terrains communaux !

D'aucuns diront bien que c'est la négation de tout droit administratif ; que c'est même le désordre érigé à la hauteur d'une institution ! C'est la canaille qui pense de cette façon, car, enfin, où serait le privilège du Roi, s'il ne pouvait agir à sa guise et suivant son bon plaisir ?

Comment pourrait-il récompenser ses vassaux qui ne tarissent pas d'éloges sur son administration modèle !

> **Vous leur fîtes, Seigneur,**
> **En les croquant....**
> **Beaucoup d'honneur....**

Et vous, maroufles, qui osez critiquer sa majesté, craignez que la colère royale ne vous envoie, quelque jour, tenir compagnie aux maltotiers et aux tire-laines qui servent sur les galères du Roi ou dans les mines.

JYHER.

P. S. — A l'appui de notre thèse nous dirons :

1° Que la Compagnie s'est érigée en syndicats libres pour louer à son profit les communaux *au détriment des habitants.*

2° Que les communaux appartiennent *aux habitants des sections* et non à la Compagnie.

3° Que la commune de Coligny, malgré opposition, a été autorisée à mettre en location ses communaux qui étaient loués par la Compagnie à son seul profit.

El Hassi et Ain-Trick n'ont qu'à réclamer ce droit.

LA SÉCURITÉ

La sécurité vous l'aurez.... disait Albert Grévy, Gouverneur Général de l'Algérie, s'adressant aux colons.

Et notre maire qui est né deux fois malin, puisqu'il est né Français et Franc-Comtois par dessus le marché, n'a pas voulu être en reste de promesse avec notre ancien Gouverneur.

Décemment il ne pouvait faire mieux ; il s'est borné à l'imiter, et si je ne craignais d'être taxé de courtisan, j'ajouterai que l'élève a dépassé le maître dans l'art de poser des lapins.

Messieurs les malandrins, voient avec terreur, arriver la fin d'un si beau règne ! Aussi, ils en profitent, et mettent les bouchées doubles. C'est vous dire quelle confiance limitée ils ont dans l'échéance du 6 mai.

Les colons se plaignent journellement que leurs animaux sont enlevés ; que les récoltes sur pied ou en filets sont volées ; que des brèches sont faites dans les murs pour les dévaliser et au besoin les assassiner ;

Les arbres et les plantations de toutes sortes, sont mutilés ou coupés.

Nulle part l'insécurité n'est plus grande que dans les fermes de notre région.

Sur le marché, dans les foudoucks, des vols de toutes natures sont commis par des indigènes du pays sur les indigènes étrangers, discréditant ainsi notre marché au détriment de notre commerce.

Personne n'est à l'abri des exploits de ces escarpes : Il y a quelques jours à peine ils signalaient leur présence au quartier de la gare en dévalisant le logement d'un commandant.

Le lendemain. C'est en plein jour et en pleine ville qu'ils opéraient.

Qu'a-t-on fait pour atténuer ou réprimer les hauts faits de ces bandits ?

N'aurait-on pas pu mettre en demeure l'adjoint indigène et les daïras, si non de dénoncer du moins de rechercher les coupables ?

Le maire n'aurait-il pas dû relever le garde-champêtre de l'occupation de *peser la calamine de M. Aubry au Mesloug ?*

Pour qui et pourquoi payons-nous les gardes ?

Répondez M. le maire.

El Feidh ben Ysslek.

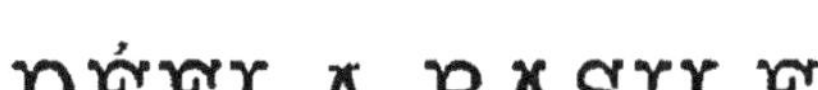

DÉFI A BASILE

Suivant une expression populaire : « Quant on veut se débarrasser du chien du voisin, on dit qu'il est enragé. »

Nos adversaires, qui n'ont cure du choix des moyens pour essayer d'égarer l'opinion et détourner l'attention des électeurs de la gestion du maire, emploient sans vergogne l'arme chère à Basile : la calomnie.

Et comme Basile ils se cachent.

Pareils à des malfaiteurs qui viennent d'accomplir une besogne malpropre, ils ont peur du grand jour.

Ils bavent.....et de peur que leurs déjections ne retombent sur leur propre figure....ils se retranchent derrière l'anonymat

Quoi qu'il en soit, et pour en finir d'un seul coup, nous allons leur mettre le nez dans leur propre...,.... m...archandise :

Et parce que anonyme, nous mettons votre patron en cause, et lui portons le défi suivant :

Vous écrivez ou faites écrire dans les colonnes de votre dépotoir :

« *Aujourd'hui que nous savons que la révocation a été cassée pour vice de forme seulement....* »

Nous vous mettons au DEFI de prouver la véracité de votre allégation. Et nous déposons aujourd'hui à la caisse de la Compagnie algérienne la somme de *MILLE FRANCS pour les pauvres de Sétif*, pour être tenue à votre disposition si vous gagnez votre pari.

Nous faisons mieux, nous nous engageons, sur l'honneur, à nous retirer immédiatement de la lutte si vous gagnez le pari.

Par contre, vous ne vous engagez qu'à verser 1000 francs pour les pauvres.

Nous allons plus loin : Vous ne serez obligé de vous retirer que si, ayant perdu votre pari, NOUS VOUS PROUVONS que vous avez *sciemment menti*, parce qu'alors nous serons en droit de vous dire : Monsieur le Maire, vous êtes un calomniateur et un jésuite de robe courte, et comme tel indigne de porter l'écharpe.

J. R.

AUBRY

CONSEILLER GÉNÉRAL ....SUISSE !....

Quand nous vous disions, colons sétifiens et vous industriels, commerçants et ouvriers, que votre maire Aubry était l'homme néfaste entre tous, l'anti-colonisateur (j'allais dire l'anti-français) par excellence !

Vous n'étiez peut-être pas tous convaincus, malgré l'évidence des faits.

Aujourd'hui nous allons porter à votre connaissance son dernier méfait, qui dépasse tout ce que cet anti-sétifien a pu faire jusqu'ici contre les intérêts dont il a la charge.

Cet homme qui voit s'effondrer sous lui toutes les espérances qu'il avait conçues pour sa chaise curule ;

Cet homme qui apporte, non seulement dans la lutte qu'il soutient, mais encore dans tous ses actes une obstination haineuse ;

Cet homme qui n'a jamais cessé d'être un sectaire politique, et qui se sent irrémédiablement perdu dans l'esprit de ses concitoyens ;

Cet homme vient de donner d'un seul coup, avec un culot qui est presque du cynisme, la mesure de son caractère haineux et bassement rancunier :

Avant-hier, à la dernière séance du Conseil général de Constantine, M. Dubar, Conseiller général et aussi vaillant que modeste défenseur des colons de notre région, a demandé à ce Conseil, d'adopter le vœu de rachat avec revente aux colons des terrains de la Compagnie génevoise.

M. Dubar, en présentant ce vœu, avait fait valoir quelques considérations générales et avait présenté également quelques arguments nouveaux en faveur de son adoption.

Or, savez-vous ce qu'a fait M. Aubry, Maire et Conseiller général de Sétif ?

Il a demandé la parole pour dire que ce vœu n'était qu'une manœuvre politique, qu'il suffisait d'en connaître les auteurs : M. Poulhariès et M. Dubar, *deux candidats aux futures élections municipales* pour se convaincre que c'était bien dans un but politique qu'il avait été élaboré. Que chaque fois qu'il y avait des élections, ce vœu était reproduit et que ce n'était qu'une FUMISTERIE ! (*sic*).

Après avoir été relevé vertement par M. Rouyer, l'honorable président du Conseil, M. Dubar, en quelques mots bien sentis, a protesté contre cette façon de traiter des questions aussi importantes, et contre son assertion qui consistait à dire que c'est dans un but politique que le vœu a été proposé à l'adoption du Conseil général.

Le maire *in extremis* Aubry est naturellement navré de voir qu'il n'a rien fait pour faire trancher cette question vitale pour Sétif, depuis qu'il est Conseiller général.

Le Maire moribond est furieux de voir que c'est Poulhariès, son adversaire à la mairie, et son jeune collègue Dubar (depuis hier membre de l'assemblée départementale), qui ont pris l'initiative de faire adopter ce vœu, et de reprendre une question que comme maire de Sétif, comme conseiller général de la vallée, il avait la charge et le devoir de traiter !

Tous les Sétifiens, tous les électeurs, tous ceux qui ont des intérêts dans notre pays, estimeront comme nous que le maire Aubry a marché contre les intérêts de la région sétifienne qu'il représente d'une si étrange façon !

Son devoir était de marcher avec son collègue

Dubar et de se rallier au vœu dont s'agit ; mais il a préféré, pour satisfaire ses basses rancunes, sacrifier l'avenir d'une région, et il a demandé le renvoi au 3e bureau *(ce renvoi est de DROIT dès l'instant qu'un membre le demande)*, et le renvoi a été prononcé.

Ce n'est donc qu'en octobre que notre vœu sera adopté par le Conseil général.

Eh bien, électeurs sétifiens, comment apprécierez-vous l'attitude de votre maire-conseiller général ?

Et vous, colons et commerçants, cet homme néfaste n'est-il pas non seulement l'adversaire, mais l'ennemi de la colonisation et de la prospérité de la région ?

Et comment en serait-il autrement, puisque ce singulier Pacha ne possède pas de propriétés dans le pays, qu'il n'a jamais fait mettre une pierre l'une sur l'autre ; qui, malgré sa fortune — qui est, dit-on, prodigieuse — n'a ni chevaux, ni voitures, ni domestiques, ni train de maison ; qui n'a rien, mais rien qui puisse le fixer ou l'attacher au pays !

Il fait penser à ces mauvais riches qui ne profitent de leur situation que pour assouvir leurs basses rancunes et faire agir le sentiment le plus vil : celui qui consiste à se servir de l'or pour l'exploitation des consciences et misères humaines,

Ils prennent par le cou, comme on dit vulgairement chez nous, les miséreux, les nécessiteux, tous ceux, en un mot, qui sont à leur discrétion, ainsi que quelques disciples de Bacchus bons enfants, et ces malheureux embrigadés ou asservis, sont conduits au scrutin par un meneur, avec des bulletins truqués.

Electeurs sétifiens, vous nous direz le 6 mai si vous êtes encore partisans du maire La Ruine.

JYHER.

A TOI....BASILE

Dans notre dernier numéro, nous avons porté un défi à *Réveil-Basile*, et nous espérons pour les pauvres de Sétif qu'il l'acceptera.

En attendant sa réponse, nous lui en portons un second toujours au bénéfice des pauvres :

Vous dites dans votre article :

« A cette heure, où nous savons « que *Poulhariès n'est retraité qu'en « qualité d'interprète militaire.* »

Ce qui veut dire qu'il aurait dû être retraité et comme officier et comme administrateur, ou bien comme administrateur seulement, et qui laisse place à des suppositions malveillantes.

Eh bien, *Réveil-Basile*, nous déposons à la Compagnie algérienne *CINQ MILLE FRANCS*, pour être tenus à votre disposition, en faveur des pauvres de Sétif, si vous prouvez votre allégation.

Par contre, si vous n'acceptez pas le pari, ou si vous ne déposez pas une somme égale, avec la même destination, en un mot si vous fuyez...nous serons en droit de vous dire :

M. Basile, vous êtes le plus méprisable des jésuites de sacristies laïques ; vous êtes la dernière des *fripouilles*.

Un Philanthrope

3.000 francs aux Pauvres

Notre concitoyen, l'honorable M. Poulhariès, en réponse aux calomnies débitées sur son compte par ses adversaires aux abois, nous prie de porter à la connaissance des habitants de Sétif et particulièrement à celle des Electeurs que : S'il est élu maire de Sétif, il aban-

donnera intégralement son traitement en faveur des pauvres ou des nécessiteux, sans distinction d'aucune sorte.

Un registre spécial sera tenu à la disposition de tout électeur pour justifier de l'emploi des fonds si généreusement abandonnés.

La Rédaction.

MAIRE..TYPHUS

Losqu'ils se reportent à quelques années en arrière, les vieux Sétifiens se demandent comment il peut se faire que cette ville jadis si saine, soit devenue un foyer d'infection où se sont donné rendez-vous les plus graves maladies épidémiques: typhus, variole noire, fièvres typhoïde et muqueuse, etc., etc...

L'insouciance — soyons poli — de notre Maire-Docteur, a permis à ces maladies de s'implanter chez nous ou d'y revenir à époques fixes ; y laissant toujours, après avoir exercé leurs ravages, les plus profondes racines en un milieu de culture exceptionnellement favorable.

Cette année le chiffre des décès a été, de beaucoup, plus élevé, que celui des autres années ! Pourquoi ?

Parce qu'aucunes mesures prophylactiques n'ont été prises : La chasse dans les égouts n'a pas été faite depuis huit ans ; les règlements de voirie, et le maintien de la plus grande propreté à l'abattoir ne sont pas observés ; la multiplicité des visites de la Commission d'hygiène n'est par ordonnée ; le nettoiement des rues, l'enlèvement des immondices, les dépotoirs des remparts et des environs du marché, ne sont point surveillés ou exécutés comme ils devraient l'être.

Le danger est à nos portes : Le typhus est officiellement constaté à N'Gaous.

Le marché de Ras-El-Aïoun, vient d'être supprimé.

Qu'attend M. le maire, pour rassurer nos familles ?

Incapable ou indolent, cédez la place à un autre !

Le Boër.

CONCLUSION

Les démocrates constatent, en le déplorant, qu'on a beaucoup trop baissé la toise des mérites. Ceux qui se piquent d'impartialité reconnaissent qu'on ne saurait sans injustice, en rendre les électeurs responsables, si les talents deviennent de plus en plus rares.

Les favorisés, les sectaires de la politique, bénéficient seuls de l'insuffisance des autres, et ne sont que relativement grands parmi les petits.

Une des étapes de cette marche lamentable vers la disparition des forces vives du pays, c'est l'abandon de sa propre volonté au service d'un homme. Je veux dire d'un sectaire de la politique.

La politique de nos adversaires peut se résumer dans cette simple formule : L'exploitation du pouvoir par un parti et, dans le fond, par une société occulte.

Quand tous les bons citoyens voteront ; quand ils s'entendront pour voter ; quand les frères maçons et les dreyfusards ne seront plus seuls à savoir marcher d'accord ; quand l'électeur ne mendiera plus des faveurs chez l'édile qui mendie lui-même les suffrages de l'électeur, cela ira mieux et le pays sera sauvé.

Tout semble présager une ère nouvelle. Nous voyons, un peu partout, les braves gens s'émouvoir, sortir de leur apathie, et nous assistons aux progrès quotidiens de l'opposition.

Une secte factieuse n'est que funeste en face de concitoyens affamés d'apaisement et d'union.

Nous pouvons dire à la municipalité sortante : Vous vous êtes établie dans la cité commune comme en pays conquis, non pour travailler au bonheur du peuple et au bien-être de vos concitoyens, mais pour satisfaire vos ambitions vaniteuses.

Entre vous et nous rien de commun.

Quant au Maire-morticole, nous lui rappelons qu'il

n'a point répondu aux questions réitérées de ses électeurs lui demandant de s'expliquer sur sa gestion. Il s'est retranché derrière une polémique de personnalités, au lieu de rendre compte du mandat qu'on lui avait confié.

Il est vrai qu'il n'est point sur un lit de roses, Monsieur le Maire.

Lui, dont la subtibilité de calculateur est si intéressante et si amusante....puisqu'il ne craignait pas de contradiction lorsqu'il affirmait tout dernièrement au Préfet qu'il y avait dans le budget de la commune *un excédent de 130,000 francs !!!*

Le trait, non pas original ni extraordinaire, mais cependant caractéristique, de cette allégation, c'est sa fausseté, son insincérité.

Il fait penser au mot de Gavarni : « *Toi, tu n'as qu'une qualité, tu es hypocrite....* »

Nous n'avons malheureusement ni le temps, ni l'espace nécessaire pour passer au crible de l'opinion toute la gestion de ce maire néfaste. Nous aurions eu le plaisir de lui demander quelques explications sur le fonctionnement de la « Compagnie Electrique » et quel contrôle on exerçait sur la distribution aux particuliers ? Et le photomètre de la mairie. pour quoi sert-il ?

Après nous aurions passé en revue, l'eau d'alimentation de la porte de Biskra, ainsi que celle des habitants de la vallée des Jardins, hors la porte d'Alger. Là nous aurions demandé au maire pourquoi on refuse de l'eau aux riverains sur le parcours de la conduite. quand le papa beau-père qui est à l'extrémité est si bien servi.

Nous aurions parlé des « Sociétés » et de leur fonctionnement.

Nous lui aurions demandé pourquoi il a refusé de se mettre en rapport, dans l'intérêt de la commune, avec les députés de la circonscription.

Nous aurions eu aussi à lui demander ce qu'il avait fait en huit ans de règne pour « l'Hydraulique agricole ».

Et les égouts à compléter ?

Et le Tixter-Bougie ?

Et l'hygiène publique ?

Et la voirie ?

Il arrivera donc, nécessairement, que pour avoir négligé les travaux de réfection et de développement normal, on sera acculé un jour à la nécessité d'un grand effort ; et, ce jour-là, il sera peut-être trop tard, des dommages irréparables auront été causés aux finances communales.

C'est toujours la même politique, ou la même absence de politique, qui consiste à vivre d'expédients au jour le jour, à reculer les difficultés sans jamais les résoudre, à charger l'avenir pour décharger le présent accablé.

Votre étiquette menteuse ne trompera plus personne.

Il prévoit l'échec qui l'attend au renouvellement de notre assemblée communale.

Il est aux abois, il pratique la morale du caïman : on ne discute pas avec un contradicteur, on le supprime.

Quand on est sûr d'avoir pour soi l'opinion, on ne cherche pas à empêcher ses opposants de parler.

La tactique de la faction menacée par les électeurs indignés est simple : elle consiste à paralyser, à supprimer par la terreur, le droit de contrôle, le droit de parler.

Les électeurs Sétifiens forts de leur nombre et de leur droit, ne se laisseront pas terroriser par les Trestaillons du Dreyfusisme, par les Jacobins de la décadence.

Ils ne nous trompent pas. Avec eux nous savons à quoi nous en tenir et nous savons quoi faire, nous sommes en état de légitime défense et notre devoir est tout tracé.

L'ouvrier lui même viendra à nous. Car il entrevoit que, lorsque nous aurons renversé ces faux-républicains, quand ses représentants seront, en majorité d'honnêtes gens et de braves gens, cela ira déjà mieux pour lui, ouvrier, comme pour tout le monde et que la solution des questions sociales aura fait un premier pas, car elles pourront être étudiées, enfin, dans un esprit de patriotisme, de loyauté, de désintéressement, d'humanité.

Il était nécessaire que le parti Indépendant ne laisse s'accréditer aucun racontar, ni subsister aucune équivoque sur l'attitude qu'il a prise et qu'il saura toujours conserver.

Nous ferons l'apaisement partout où le Maire-Morticole a semé l'épouvante et la haine.

Malgré ces hypocrisies, ces dissimulations, ces économies dangereuses et ces compressions inquiétantes...... nous ne désespérons pas de l'avenir et de la grandeur de notre cité.

Nous avons fait et nous ferons toujours tout notre devoir.

Electeurs Sétifiens, à vous de faire le vôtre.

J. R.

IMPRIMERIE EMILE ROCCA, RUE TRAJAN, SETIF.

www.ingramcontent.com/pod-product-compliance
Ingram Content Group UK Ltd.
Pitfield, Milton Keynes, MK11 3LW, UK
UKHW021957260726
13994UKWH00004B/1810

9 782019 933876